Guía de Oración

AGRADECIMIENTOS

A Dios, por su gracia y favor al confiarnos sus misterios.

A Mariano Sennewald, por ser un precursor e inspirar este proyecto.

A Carina Karayén, Adriana Coppola y Solange Presas, por la adaptación de nuestro material del Cuarto de Oración Betania en pos de levantar una generación de niños intercesores.

A Pablo Ríos, por ser tan sensible y traducir los diseños proféticos y divinos, al ilustrar cada página con excelencia.

Centro de Entrenamiento Ministerial-MiSion

Guía de oración para niños: intimidad, comunidad, gran comisión / 1a ed. - Monte Grande: Editorial MiSion, 2023.

92 p. ; 19,5 x 21,6 cm.

ISBN 978-631-90035-1-2

1. Devocionario para Niños. 2. Libro para Niños. 3. Libro para Pintar. I. Título.
CDD 248.82

Diseño de cubierta e ilutraciones: Pablo Ríos

Corrección: Adriana Coppola

Maquetación: Lic. Marian Quisle

Distribución y pedidos por mayor: editorial@misioninstituto.com

ESTE LIBRO PERTENECE A:

_____

ÍNDICE

- 07 Unas palabras antes de comenzar
- 09 Introducción

INTIMIDAD

- 12 Construyendo morada para Dios
- 14 Vidas que arden y alumbran
- 16 Ekballo: la Iglesia que arde hasta el fin
- 18 El tiempo de su visitación
- 20 La llave del avivamiento
- 22 Edificando lo que permanece
- 24 Contemplando la belleza de Jesús
- 26 Derramar del Espíritu Santo
- 28 Los días de Noé
- 30 Construyendo una morada para el Hombre en el cielo
- 32 La belleza de Jesús

COMUNIDAD

- 36 Envío de obreros en los últimos tiempos
- 38 Mensajeros del Reino
- 40 Despertar de un mover profético
- 42 Despertar de un mover apostólico
- 44 Despertar de un mover pastoral
- 46 Despertar de un mover evangelístico
- 48 Despertar de un mover bíblico
- 50 La Iglesia integral

GRAN COMISIÓN

- 54 El Evangelio que predicaron los apóstoles
- 56 Avivamiento en las naciones
- 58 El llamado a los atalayas
- 60 Pasión por Israel
- 62 Heraldos del Reino
- 64 Un Hombre en el cielo I
- 66 Un Hombre en el cielo II
- 68 Intercesión por Israel
- 70 Evangelio eterno
- 72 Perfeccionados en la gran comisión
- 74 Familias que aman y oran por Israel
- 76 Los niños y los últimos tiempos

UNAS PALABRAS ANTES DE COMENZAR

"Pero cuando los jefes de los sacerdotes y los maestros de la ley vieron que hacía cosas maravillosas, y que los niños gritaban en el templo: «¡Hosanna al Hijo de David!», se indignaron". Mateo 21:15 (NVI)

Fueron los niños quienes reconocieron a Jesús en su entrada triunfal a Jerusalén. Su clamor honró al Hijo de Dios, debilitó los poderes espirituales e indignó a los religiosos. Hay poder en la boca de los niños, de ellos Dios perfecciona la alabanza. Aun Jesús dijo que es necesario que nos volvamos como niños, para entrar en el Reino de los cielos (Mt. 18:3).

En tus manos tienes una guía para activar la vida de oración y clamor en los más pequeños. La Palabra dice que en los últimos días nuestros hijos profetizarán (Jl. 2:28-32). Anhelamos que este manual de intercesión pueda activar esa voz en aquellos que Dios te confió. Al discipular por años a los niños hacia la intimidad con Jesús, hemos aprendido que ellos no portan un Espíritu Santo más pequeño que los adultos. Dios no da su Espíritu por medida (Jn. 3:34). El mismo que levantó a Jesús de los muertos, opera en ellos (Ro. 8:11) y está deseoso por revelarse. Guiar a los más chiquitos a una vida de comunión profunda con Dios es el mayor legado que podemos dejarles.

Honro al equipo de Nueva Generación en MiSion, que trabaja con los niños en este propósito, y de forma especial a Pablo Ríos, que ha realizado las ilustraciones de una forma tan excelente, procurando que los niños puedan encontrarse con Dios cada semana en el Cuarto de Oración Betania. Estamos realizando la mejor inversión, habrá una gran recompensa.

Bendigo a cada niño que utilice esta guía, deseando que Dios active su espíritu intercesor y que pueda conocer más de todo aquello que llena el corazón de Dios. Con amor en Cristo.

Mariano Sennewald
Director MiSion Centro de Entrenamiento Ministerial

INTRODUCCIÓN

Cuanto más se acerca el día del Señor, la segunda venida de Jesús a la tierra, Dios perfeccionará con mayor intensidad la obra que comenzó. En medio de la noche más oscura en todas las naciones, el Espíritu Santo levantará un remanente fiel que, con sus lámparas encendidas, no dejará de clamar por su regreso (Is. 60:1-3; Mt. 25:6).

Estamos a las puertas de experimentar el mayor derramamiento del Espíritu Santo jamás visto, y eso incluye a una generación de niños que Dios está despertando para ser parte de aquellos que prepararan el camino para su llegada (Is. 42:1-3; Jl. 2:28). Los tiempos están avanzando, las profecías se están cumpliendo, un mover profético sin precedentes se está despertando en las naciones, y los más pequeños son claves en este movimiento. Ellos aman su presencia más que cualquier cosa en este mundo, y no pararán de adorar de día y de noche, hasta que la justicia del cielo venga a la tierra (Lc. 18:7-8; Ap. 10:11; 11:3). Harán arder el corazón de la Iglesia por permanecer en una devoción incesante y continua delante de Dios, que producirá una manifestación de su presencia sin precedentes.

En los tiempos de mayor persecución y tribulación, la voz de los niños fortalecerá a la Iglesia, fruto de familias que han sembrado en ellos el mensaje del regreso de Cristo. Es así como el mover de adoración en todas las naciones llegará a su plenitud. Él hará que el corazón de los padres se vuelva a los hijos, y el de los hijos a los padres (Mal 4:6) uniéndolos en un mismo clamor: ¡Maranata! ¡Ven, Jesús! (Ap. 22:17).

Jesús está prestando atención y es consciente de la oración de los niños que claman ¡Hossana, al hijo de David! ¡Bendito el que viene en el nombre del Señor! (Sal 8:2; Mt.21:15-16). Niños que en los últimos tiempos responderán a las profecías de ser una voz en medio del desierto, prepararán el camino y anunciarán que el gran Rey está llegando a la tierra.

En este libro encontrarás recursos para enseñarles a los más pequeños de tu iglesia o de tu familia cómo poner en práctica el rol de intercesor que tenemos. Creemos que estamos frente a una generación que responde "Aquí estoy, yo lo haré", al clamor del Padre en Ezequiel 22:30:

"Yo he buscado entre ellos a alguien que los defienda; alguien que se ponga entre ellos y yo, y que los proteja como una muralla; alguien que me ruegue por ellos para que no los destruya. Pero no he encontrado a nadie" (TLA).

Nuestro anhelo es que Dios pueda usar cada una de estas guías para motivar a los niños a involucrarse en la intercesión y tomar desde temprana edad el rol sacerdotal que les ha sido dado.

CÓMO USAR ESTAS GUÍAS:

Léelas en grupos pequeños, en familia, en un tiempo devocional o en cualquier oportunidad que tengas para motivar a la intercesión. No necesitan hacer oraciones largas. Es importante ir creando en los niños una cultura de oración e intercesión.

Estas guías están divididas en tres partes: Intimidad, Comunidad y Gran Comisión. Creemos que lo que nace en intimidad, se nutre en comunidad y transforma la realidad (Gran Comisión).

En cada guía encontrarás el tema principal y el versículo clave. Luego, tres secciones con base bíblica, las cuales tienen motivos específicos para orar. Recomendamos que puedan buscar cada versículo en la Biblia, leer en voz alta los motivos y orar en esa dirección. Será apasionante sumergirnos en estas páginas y poder pararnos como centinelas, una aventura que nos llevará a descubrir más del corazón de Dios y todo lo que Él ama.

INTIMIDAD

Somos parte de una generación de niños que persigue una sola cosa: contemplar la hermosura de Jesús. Al mirarlo, nuestra vida comienza a ser transformada para ser cada día más parecidos a Él, como lo declara la Biblia:

"Así, todos nosotros, que con el rostro descubierto reflejamos como en un espejo la gloria del Señor, somos transformados a su semejanza con más y más gloria por la acción del Señor, que es el Espíritu". 2 Corintios 3:18, NVI

Vivimos el primer amor, solo queremos pasar tiempo con Jesús, ministrar su corazón, porque al igual que María de Betania, decidimos escoger la mejor parte: estar a sus pies y solo escuchar su voz. De esta manera conocemos más su corazón y amamos más todo lo que Él ama.

CONSTRUYENDO UNA MORADA PARA DIOS

VERSÍCULO PARA MEMORIZAR

"Jehová dijo así: El cielo es mi trono, y la tierra estrado de mis pies; ¿dónde está la casa que me habréis de edificar, y dónde el lugar de mi reposo? Mi mano hizo todas estas cosas, y así todas estas cosas fueron, dice Jehová; pero miraré a aquel que es pobre y humilde de espíritu, y que tiembla a mi palabra." Isaías 66:1-2, RVR

CONSTRUIR DE ACUERDO AL DISEÑO DE DIOS
Oramos para conocer más el corazón de Dios en intimidad y lo que más le importa a Él, para poder construir un lugar donde Dios pueda habitar.

Salmo 51:6-7, NVI

UN CORAZÓN CONFORME AL DE DIOS
Intercedemos para que podamos poner siempre en el primer lugar de nuestra vida, la Presencia de Dios. Que al llenar nuestro corazón con su Presencia afectemos a las naciones y las generaciones.

Salmo 24:7, NVI; Salmo 132:1-5, NVI

HIJOS QUE SIGUEN SU PRESENCIA
Intercedemos como hijos de Dios para poder movernos al ritmo de su Presencia, siguiendo y obedeciendo su voz en todo tiempo, para que todo lo que construyamos sea lleno de su Espíritu.

Éxodo 40:36-38, TLA

ESCRIBE TU ORACIÓN

VIDAS QUE ARDEN Y ALUMBRAN

VERSÍCULO PARA MEMORIZAR

"La noche ya casi llega a su fin; el día de la salvación amanecerá pronto. Por eso, dejen de lado sus actos oscuros como si se quitaran ropa sucia, y pónganse la armadura resplandeciente de la vida recta."
Romanos 13:12, NTV

DEPENDIENTES DEL ESPÍRITU SANTO

Intercedemos para que como hijos podamos crecer y cultivar una vida de intimidad y dependencia del Espíritu Santo, que nos lleve a ser transformados a la imagen de Jesús, y a ser luz en medio de la oscuridad.

Mateo 5:14, NVI; Mateo 25:4, NVI

HIJOS UNIDOS EN CRISTO

Intercedemos para que al andar en la luz de Cristo, seamos hijos que aman y sirven a otros, haciendo la tarea que Dios nos pidió para la edificación de la Iglesia.

1 Juan 1:5-7, TLA; Romanos 13:11-12, TLA

HIJOS IMPULSADOS POR EL ESPÍRITU SANTO

Oramos para ser hijos preparados e impulsados a alumbrar en lugares oscuros, mostrando la luz de Jesús en todo tiempo y lugar.

Mateo 5:14-16, TLA

ESCRIBE TU ORACIÓN

EKBALLO: LA IGLESIA QUE ARDE HASTA EL FIN

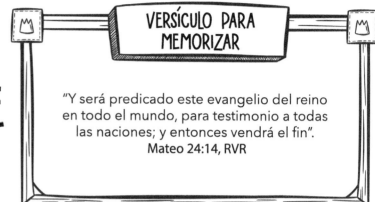

VERSÍCULO PARA MEMORIZAR

"Y será predicado este evangelio del reino en todo el mundo, para testimonio a todas las naciones; y entonces vendrá el fin".
Mateo 24:14, RVR

EL MENSAJE DEL EVANGELIO COMPLETO

Oramos por no callar la voz de Dios para las naciones y por tener un espíritu de valentía que anuncie sin temor el Evangelio completo con autoridad a todos los pueblos.

Jeremías 20:9, TLA

HIJOS QUE VIVEN EL EVANGELIO DEL REINO

Oramos para ser hijos que siempre mantengan el fuego y la pasión encendidos a través de los años.

Hechos 4:18-31, TLA; Hechos 5:28-42, TLA

MENSAJEROS QUE ANUNCIAN EL EVANGELIO

Oramos por los hijos que han sido levantados como mensajeros, y por los que están recibiendo este llamado, para que puedan responder.

Romanos 13:11, TLA

ESCRIBE TU ORACIÓN

EL TIEMPO DE SU VISITACIÓN

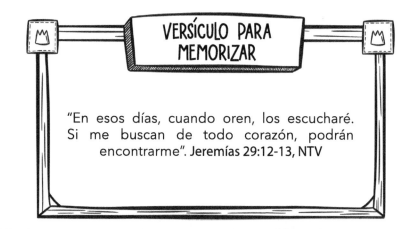

VERSÍCULO PARA MEMORIZAR

"En esos días, cuando oren, los escucharé. Si me buscan de todo corazón, podrán encontrarme". **Jeremías 29:12-13, NTV**

MIRAR ATENTAMENTE LAS ESCRITURAS

Oramos para poder estudiar atentamente la Palabra, buscando las profecías y tomando decisiones correctas para no perdernos este tiempo de visitación.

2 Pedro 1:19, TLA; Lucas 19:41-44, NVI

BUSCAR A DIOS DE TODO CORAZÓN

Oramos para levantarnos cada día con la decisión de buscar, con todo nuestro ser, al Espíritu Santo, en ayuno, oración, esperando y creyendo que hoy es el tiempo de su visitación.

Salmo 63:1, TLA; Daniel 9:3, TLA

EXPERIMENTAR LA VISITACIÓN DE DIOS

Oramos para permanecer despiertos y preparados para no perdernos la visitación de Dios hoy, entendiendo que esto también nos prepara para el día de su regreso.

Lucas 19:44, NVI

ESCRIBE TU ORACIÓN

LA LLAVE DEL AVIVAMIENTO

VERSÍCULO PARA MEMORIZAR

"Si mi pueblo, que lleva mi nombre, se humilla y ora, y me busca y abandona su mala conducta, yo lo escucharé desde el cielo, perdonaré su pecado y restauraré su tierra".
2 Crónicas 7:14, NVI

ARREPENTIMIENTO
Intercedemos para vivir en un estilo de vida de arrepentimiento y quebranto como un regalo y un privilegio, que desatan un avivamiento en medio de su pueblo y acelera el regreso de Cristo.

Hechos 3:19-20, TLA; Hechos 11:18b, TLA

INTIMIDAD
Intercedemos para cultivar siempre una vida de intimidad, que seamos conocidos por Dios y que nos quedemos allí buscando agradarle como una Novia apasionada que se prepara para el Esposo que viene.

Mateo 6:6, NVI; Lamentaciones 3:24-25, NVI

FIDELIDAD HASTA EL FIN
Intercedemos para mantenernos fieles hasta el fin, bien seguros de que no hay nada más poderoso para ser purificados que tener nuestra esperanza puesta en el regreso de Cristo y en lo que va a venir.

Tito 2:11-13, TLA; 1 Juan 3:2-3, TLA

ESCRIBE TU ORACIÓN

EDIFICANDO LO QUE PERMANECE

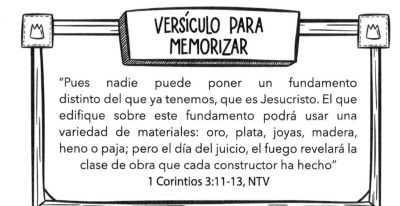

VERSÍCULO PARA MEMORIZAR

"Pues nadie puede poner un fundamento distinto del que ya tenemos, que es Jesucristo. El que edifique sobre este fundamento podrá usar una variedad de materiales: oro, plata, joyas, madera, heno o paja; pero el día del juicio, el fuego revelará la clase de obra que cada constructor ha hecho"
1 Corintios 3:11-13, NTV

HIJOS FIRMES EN CRISTO

Clamamos para crecer en una relación de profundidad con Cristo, permaneciendo arraigados y firmes en su amor, para poder edificar sobre Él, como el único y verdadero fundamento.

Efesios 3:17-19, TLA; Lucas 6:48, TLA

HIJOS CONSTRUCTORES DEL REINO

Clamamos para ser como arquitectos del Reino, que tengamos la mirada puesta en lo eterno, eligiendo materiales puros para edificar, siendo así colaboradores de Dios.

Efesios 2:10, TLA; 1 Pedro 2:4-5, TLA

OBRAS QUE PRODUCEN FRUTO ETERNO

Clamamos para tener revelación de los diseños del cielo, queremos poner todo nuestro esfuerzo, recursos y tiempo en edificar obras que no sean temporales, sino que den frutos eternos.

Apocalipsis 3:1-2, NVI; Juan 15:5, NVI

ESCRIBE TU ORACIÓN

CONTEMPLANDO LA BELLEZA DE JESÚS

VERSÍCULO PARA MEMORIZAR

"Porque un niño nos es nacido, hijo nos es dado, y el principado sobre su hombro; y se llamará su nombre Admirable, Consejero, Dios Fuerte, Padre Eterno, Príncipe de Paz".
Isaías 9:6, RVR

RECONOCER A JESÚS COMO REY

Clamamos para ser hijos de Dios que tienen la revelación de Jesús como Rey Admirable, Consejero y Príncipe de Paz, exaltando su señorío en medio de estos tiempos, profetizando que se acerca su regreso.

Apocalipsis 1:5, NVI

CONOCER ÍNTIMAMENTE A JESÚS

Clamamos por ser esa Iglesia que cada día entiende que Jesús es un esposo, y que hoy responde como Novia que se purifica para aquel día en que se encontrará con el Novio y estarán juntos para siempre.

Cantares 8:5, NVI

RECONOCER A JESÚS COMO JUEZ JUSTO

Intercedemos como hijos de Dios para que se revele la justicia del Señor Jesucristo, quién viene a ejecutar sus juicios como muestra de su amor, y para establecer su gobierno eterno en medio de su pueblo.

Salmo 45:7, NVI; Malaquías 4:2, TLA

ESCRIBE TU ORACIÓN

DERRAMAR DEL ESPÍRITU SANTO

VERSÍCULO PARA MEMORIZAR

"Todos ustedes, en cambio, han recibido unción del Santo, de manera que conocen la verdad". 1 Juan 2:20, NVI

HIJOS QUE PERMANECEN EN INTIMIDAD
Oramos por esos hijos que siguen eligiendo la intimidad para mantener la lámpara llena de aceite en todo tiempo y circunstancia.

Salmo 23:5, NVI; 1 Samuel 16:13, NVI

HIJOS UNGIDOS PARA VIVIR EN COMUNIDAD
Oramos como hijos de Dios, para seguir experimentando los beneficios y disfrutando de vivir en unidad como familia del Reino, en la que Cristo es la cabeza del Cuerpo.

Salmo 133, NVI

HIJOS UNGIDOS PARA SER PARTE DE SU PLAN
Oramos para poder entender las profecías y así comprometernos a colaborar con sus planes para que se cumplan los propósitos de Dios.

Isaías 61:1, TLA; Santiago 5:14, TLA; Lucas 14:34, TLA

ESCRIBE TU ORACIÓN

LOS DÍAS DE NOÉ

VERSÍCULO PARA MEMORIZAR

"Por la fe Noé, advertido sobre cosas que aún no se veían, con temor reverente construyó un arca para salvar a su familia. Por esa fe condenó al mundo y llegó a ser heredero de la justicia que viene por la fe".
Hebreos 11:7, NVI

HIJOS QUE SE MANTIENEN ENFOCADOS

Intercedemos para que como hijos de Dios, avancemos con los ojos puestos en Jesús y que al conocer su plan, no nos guiemos por lo que dice y hace el mundo, sino que nos mantengamos en la verdad.

Hebreos 12:2, TLA

HIJOS QUE EDIFICAN CON PRECISIÓN

Intercedemos por hijos de Dios que comprenden los tiempos y que cultivan una vida de intimidad para recibir los diseños del cielo y edificar con sabiduría y precisión.

1 Corintios 3:12-14, TLA

HIJOS QUE SON EFECTIVOS EN SU PROPÓSITO

Clamamos por hijos de Dios que cumplan con su tarea con fidelidad y efectividad de acuerdo al don que Dios les dio y que preparen a las generaciones para estar firmes hasta el fin.

Mateo 7:16-18, NVI

ESCRIBE TU ORACIÓN

CONSTRUYENDO UNA MORADA PARA EL HOMBRE EN EL CIELO

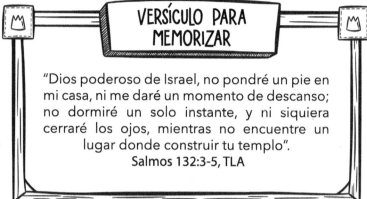

VERSÍCULO PARA MEMORIZAR

"Dios poderoso de Israel, no pondré un pie en mi casa, ni me daré un momento de descanso; no dormiré un solo instante, y ni siquiera cerraré los ojos, mientras no encuentre un lugar donde construir tu templo".
Salmos 132:3-5, TLA

HIJOS QUE ATRAEN SU PRESENCIA

Intercedemos por hijos e hijas de Dios con el único deseo de atraer la Presencia de Dios, que lo dejan todo como pérdida para conocerlo a Él.

Filipenses 3:7-8, TLA

HIJOS QUE HOSPEDAN SU PRESENCIA

Intercedemos por hijos e hijas que saben responder a la Presencia de Dios con un corazón sensible, contemplando su belleza y disfrutando de su Persona.

Salmo 27:4, TLA

REVELACIÓN DE JESÚS

Intercedemos por hijos e hijas de Dios que edifican lugares o estructuras donde habite su Presencia y donde Él disfrute quedarse.

Salmo 132:3-5, TLA

ESCRIBE TU ORACIÓN

LA BELLEZA DE JESÚS

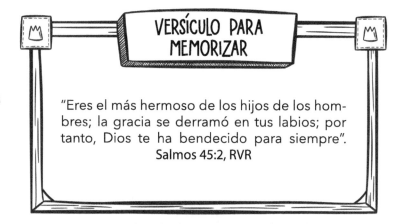

VERSÍCULO PARA MEMORIZAR

"Eres el más hermoso de los hijos de los hombres; la gracia se derramó en tus labios; por tanto, Dios te ha bendecido para siempre".
Salmos 45:2, RVR

REVELACIÓN DE JESÚS
Oramos para que podamos conocer a Jesucristo tal cual es, como el que fue, el que es y el que volverá. Que esta revelación transforme nuestras vidas y nos prepare para lo que ha de venir.

Apocalipsis 1:1

HIJOS QUE ENTIENDEN SUS PLANES
Clamamos como hijos para comprender lo que va a suceder en las naciones en los próximos años. Oramos para estar preparados y alineados a su voluntad.

Apocalipsis 4:1, NVI

REVELACIÓN DEL CARÁCTER DE JESÚS
Intercedemos, para que la belleza de Jesucristo nos cautive y nos transforme en su misma imagen.

2 Corintios 3:18, NVI

ESCRIBE TU ORACIÓN

COMUNIDAD

Formamos parte de una familia apasionada por ver a Jesús regresar. Ser familia nos ayudará a permanecer en los últimos tiempos, cuando aumente la persecución, el rechazo y la ofensa.

**"Todo el mundo los odiará por causa de mi nombre".
Lucas 21:17, NVI**

Aprendimos a ser hijos de Dios, pero también debemos aprender a ser hermanos con quienes son parte de la familia de la fe, y eso, no solo con quienes compartimos el culto todos los domingos, sino que somos parte de una familia en todo el mundo. Cuidaremos de fortalecer las relaciones de amistad, entendiendo que como hermanos nos alegramos juntos, lloramos juntos, y peleamos las batallas juntos.
Declaramos Hechos 4:32 sobre nuestra generación:

"Todos los seguidores de Jesús tenían una misma manera de pensar y de sentir. Todo lo que tenían lo compartían entre ellos, y nadie se sentía dueño de nada". TLA

ENVÍO DE OBREROS EN LOS ÚLTIMOS TIEMPOS

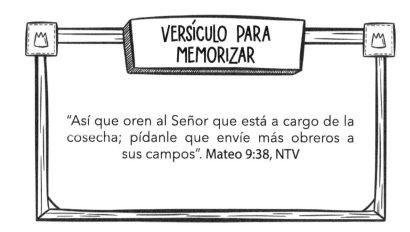

VERSÍCULO PARA MEMORIZAR

"Así que oren al Señor que está a cargo de la cosecha; pídanle que envíe más obreros a sus campos". Mateo 9:38, NTV

BUSCAR INTIMIDAD CON DIOS

Oramos para que la intimidad con Dios sea nuestro estilo de vida diario, que podamos depender de Él en todo. Donde Jesús está es el mejor lugar para nosotros.

Salmo 16:2; 27:4, TLA

QUE DIOS ARDA EN NUESTRO INTERIOR

Oramos a Dios para que despierte en nuestro corazón una necesidad de aprender cada vez más de Él, de profundizar en el estudio de la Biblia. Queremos estar siempre unidos a Jesús y disfrutar de su amor.

2 Corintios 3:18, TLA

DIOS NOS LLAMA A EDIFICAR Y RESPONDER

Oramos para que podamos poner en primer lugar lo que Dios quiere, antes que lo que nosotros deseamos. Queremos responder al pedido de Dios, que nos envía para colaborar con su Reino en la tierra.

Salmo 73:28, NVI

ESCRIBE TU ORACIÓN

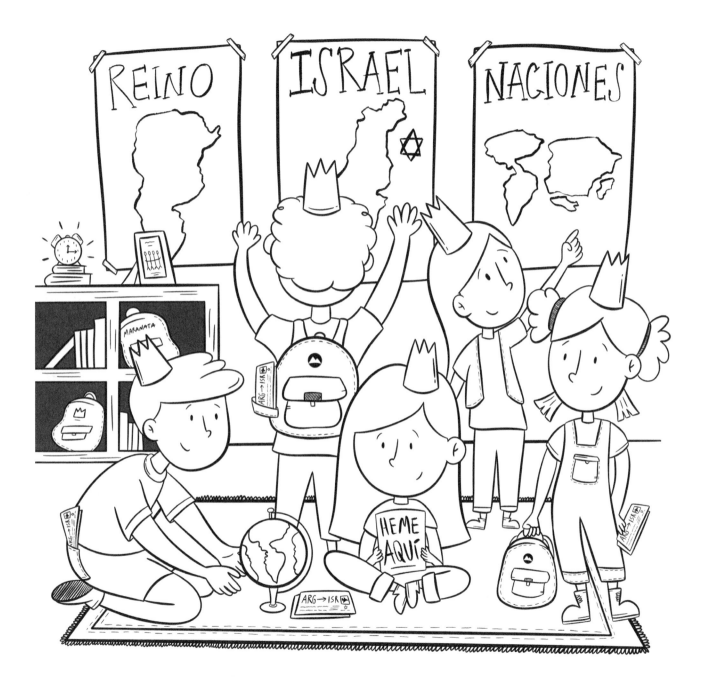

MENSAJEROS DEL REINO

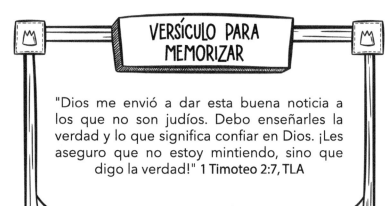

VERSÍCULO PARA MEMORIZAR

"Dios me envió a dar esta buena noticia a los que no son judíos. Debo enseñarles la verdad y lo que significa confiar en Dios. ¡Les aseguro que no estoy mintiendo, sino que digo la verdad!" **1 Timoteo 2:7, TLA**

HIJOS SEGUROS EN SU IDENTIDAD

Oramos por mensajeros que estén seguros de lo que Dios dice de ellos, que son hijos amados de Dios. Queremos vivir lo que el preparó para nosotros, en libertad, para darlo conocer a otros.

Juan 1:19-23, TLA

HIJOS VALIENTES EN LAS DIFICULTADES

Oramos por mensajeros que se preparen, sabiendo que pasarán por algunos problemas, pero que siempre están de la mano de Dios, y que tienen un corazón conforme al de Jesús.

Lucas 1:80, TLA

HIJOS QUE VIVEN EN INTIMIDAD

Oramos para ser esos mensajeros que ayudan a otros a estar en intimidad con Jesús, donde la Presencia de Dios ocupe el primer lugar y que todos podamos disfrutar de estar con Él, y de escuchar su voz.

Juan 17:3, TLA; Salmo 25:14, TLA

ESCRIBE TU ORACIÓN

DESPERTAR DE DE UN MOVER PROFÉTICO

VERSÍCULO PARA MEMORIZAR

"En cambio, los que sí saben distinguir entre lo bueno y lo malo, y están acostumbrados a hacerlo, son como la gente adulta, que ya puede comer alimentos sólidos."
Hebreos 5:14, TLA

APRENDER A OÍR A DIOS
Oramos por hijos que desarrollen los sentidos espirituales para poder oír a Dios y sentir su Presencia, en todo momento.

1 Corintios 2:6, DHH

MOVERNOS EN AMBIENTES PROFÉTICOS
Oramos para poder construir un lugar de intimidad, donde la Presencia de Dios pueda habitar y mostrarse sin límites

Salmo 132:4-5, TLA

ALUMBRAR EN LOS ÚLTIMOS TIEMPOS
Oramos para crecer en entendimiento y sabiduría del plan de Dios en los últimos tiempos para las naciones, y para colaborar con Él.

Apocalipsis 1:3

ESCRIBE TU ORACIÓN

DESPERTAR DE UN MOVER APOSTÓLICO

VERSÍCULO PARA MEMORIZAR

"Dios, por su bondad, me permitió actuar como si yo fuera el arquitecto de ese edificio. Y yo, como buen arquitecto, puse una base firme: les di la buena noticia de Jesucristo. Luego, otros construyeron sobre esa base. Pero cada uno debe tener cuidado de la manera en que construye".

1 Corintios 3:10, TLA

HIJOS QUE CRECEN EN MADUREZ ESPIRITUAL

Intercedemos por hijos que buscan y viven anhelando profundizar en la Palabra, creciendo en madurez en todo lo que hacen, edificando sobre la base que es Cristo.

Efesios 2:20-22, TLA

HIJOS QUE CRECEN EN EL MINISTERIO APOSTÓLICO

Oramos por una Iglesia que aprende a conectar los cinco ministerios, para que todo seamos perfeccionados y podamos servir juntos al Cuerpo de Cristo.

Efesios 4:11-13, TLA

HIJOS QUE AMAN EL PLAN GLOBAL DE DIOS

Intercedemos por hijos que, al tener revelación del plan de Dios, se vuelven colaboradores con Él para que se cumpla, y son fieles en su tarea.

Salmo 25:14, TLA; Juan 15:15, NVI

ESCRIBE TU ORACIÓN

DESPERTAR DE UN MOVER PASTORAL

VERSÍCULO PARA MEMORIZAR

"Les daré pastores que cumplan mi voluntad, para que los guíen con sabiduría y entendimiento". **Jeremías 3:15, NVI**

HIJOS CON EL CARÁCTER DE CRISTO

Oramos por hijos que crecen en el carácter de Cristo, dejando todos sus deseos para cultivar y mostrar los frutos del Espíritu.

Gálatas 5:22-24, NVI

HIJOS QUE SE CUIDAN UNOS A OTROS

Oramos por hijos que siguen a Jesús y responden a la invitación de enseñar, acompañar y servir a otros conforme al corazón de Dios.

Hechos 20:28, TLA

HIJOS CONFORME A SU CORAZÓN

Oramos por hijos conforme al corazón de Jesús, que enseñan la Palabra a la Iglesia con entendimiento y sabiduría.

Mateo 24:45, NTV

ESCRIBE TU ORACIÓN

DESPERTAR DE UN MOVER EVANGELÍSTICO

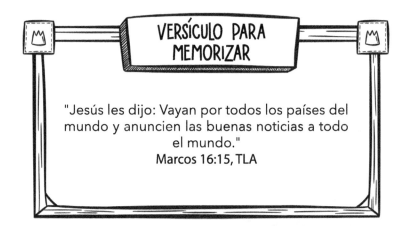

VERSÍCULO PARA MEMORIZAR

"Jesús les dijo: Vayan por todos los países del mundo y anuncien las buenas noticias a todo el mundo."
Marcos 16:15, TLA

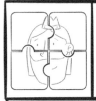

DESARROLLAR LA COMPASIÓN DE CRISTO
Oramos para ser hijos que cuando conocen el corazón de Jesús en intimidad, se llenan de su compasión y amor por el prójimo.

Mateo 9:36, NTV

PREPARADOS PARA PREDICAR EL EVANGELIO
Oramos por hijos que viven sabiendo que la Presencia de Dios está con ellos en todo momento y que entienden que deben compartir de Jesús con valentía y poder.

Hechos 4:31, NTV

HIJOS QUE ANUNCIAN EL EVANGELIO ETERNO
Oramos por hijos que, como fue profetizado en su Palabra, predican el Evangelio eterno desde Jerusalén hasta lo último de la tierra.

Hechos 1:8, NTV; Apocalipsis 14:6-7, NTV

ESCRIBE TU ORACIÓN

DESPERTAR DE UN MOVER BÍBLICO

VERSÍCULO PARA MEMORIZAR

"…solo aquellos que son sabios entenderán lo que todo esto significa".
Daniel 12:10, NBV

HIJOS QUE PROFUNDIZAN EN LA BIBLIA
Oramos para ser hijos que sean sabios y puedan conocer cada día más a Jesús al estudiar las Escrituras.

Efesios 1:17-18, TLA

HIJOS QUE PIENSAN IGUAL QUE JESÚS
Oramos para que, como hijos de Dios, nuestra mente sea transformada cada día por medio de la Palabra, y que así podamos conocer y vivir en la voluntad de Dios.

Romanos 12:2, TLA

HIJOS QUE ENSEÑAN A LAS NACIONES
Oramos para que, al tener la revelación correcta de la Palabra de Dios, enseñemos a las naciones, dando todo lo que hemos recibido del cielo.

Mateo 28:19-20, TLA; Juan 3:27, TLA

ESCRIBE TU ORACIÓN

LA IGLESIA INTEGRAL

VERSÍCULO PARA MEMORIZAR

"Él mismo constituyó a unos, apóstoles; a otros, profetas; a otros, evangelistas; y a otros, pastores y maestros". **Efesios 4:11, RVR**

HIJOS MADUROS
Intercedemos por hijos que no se quedan en lo superficial, en quienes se despierta un hambre por ir más profundo, en busca de aquellos tesoros escondidos, a fin de poder darlo a otros.

Hebreos 5:14, TLA

HIJOS PERFECCIONADOS
Intercedemos por hijos que son perfeccionados por Dios a través de los cinco ministerios, que alcanzan la plenitud de Cristo y manifiestan los frutos del Espíritu.

Gálatas 5:22, NVI

HIJOS SENSIBLES
Intercedemos por hijos en quienes se despiertan los sentidos espirituales y que pueden sentir a Dios, dando testimonio de su existencia y quitando toda idolatría.

Salmo 115:4-8, TLA

ESCRIBE TU ORACIÓN

GRAN COMISIÓN

La Biblia declara que se levantarán mensajeros que predicarán justicia a la multitud.

"Luego vi a otro ángel que volaba en medio del cielo, y que llevaba el evangelio eterno para anunciarlo a los que viven en la tierra, a toda nación, raza, lengua y pueblo".
Apocalipsis 14:6, NVI

Somos parte de esta gran cosecha de almas. Todo lo que gestamos en intimidad con Jesús, nos da la autoridad para manifestar su Reino a donde quiera que estemos y para compartir el Evangelio eterno con sabiduría.

Formamos parte de los guardas que velan y claman por la salvación de Israel. Como los hijos de Isacar que eran entendidos en los tiempos (1 Crónicas 12:32), esta generación también lo será, y responderá a la evangelización mundial porque ama lo que Jesús ama, y porque le fue revelado en intimidad.

EL EVANGELIO QUE PREDICARON LOS APÓSTOLES

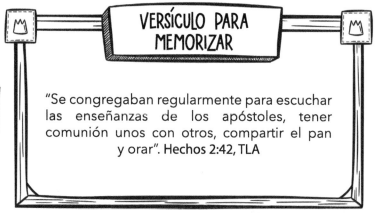

VERSÍCULO PARA MEMORIZAR

"Se congregaban regularmente para escuchar las enseñanzas de los apóstoles, tener comunión unos con otros, compartir el pan y orar". **Hechos 2:42, TLA**

EL EVANGELIO COMPLETO
Oramos para que seamos una Iglesia que conoce y vive el Evangelio completo con amor, autoridad y valor, preparando así el camino para el regreso de Jesús.

Isaías 40:3, NVI

UNA IGLESIA CON ENFOQUE APOSTÓLICO
Oramos como Iglesia para que nuestro entendimiento sea renovado y así podamos ver la buena voluntad de Dios, al vivir en el diseño que Él nos dejó en su Palabra.

Romanos 12:2, TLA; Hechos 2:42, TLA

JESÚS EL CENTRO DE TODO
Oramos como Iglesia para que Jesús sea el centro en todo lo que somos y hacemos. Que nuestros corazones ardan por conocer más de Él cada día.

Filipenses 3:8, TLA

ESCRIBE TU ORACIÓN

AVIVAMIENTO EN LAS NACIONES

VERSÍCULO PARA MEMORIZAR

"¿Quién no te temerá, oh Señor, y glorificará tu nombre? pues sólo tú eres santo; por lo cual todas las naciones vendrán y te adorarán, porque tus juicios se han manifestado".
Apocalipsis 15:4, RVR

AVIVAMIENTO EN LAS NACIONES
Oramos por un despertar espiritual en todas las naciones de la tierra, a través del poder y obrar del Espíritu Santo que se muestra en medio de sus hijos.

Salmo 80:7, TLA

UNA IGLESIA QUE AMA A LAS NACIONES
Oramos por un crecimiento de la pasión y el amor en los hijos de Dios por las naciones de la tierra, al tener la revelación del corazón de Dios y de su plan para ellas.

Génesis 12:1-3, NVI

LA GRAN COMISIÓN
Oramos para que más seguidores de Jesús se levanten y cuenten las buenas nuevas, y colaboren con su plan global como mensajeros del Evangelio Eterno a todas las naciones de la tierra.

Mateo 28:18-20, TLA; Mateo 9:38, NVI

ESCRIBE TU ORACIÓN

EL LLAMADO DE LOS ATALAYAS

VERSÍCULO PARA MEMORIZAR

"¡Qué hermosos son sobre los montes los pies del mensajero que trae buenas noticias, buenas noticias de paz y de salvación, las noticias de que el Dios de Israel reina Los centinelas gritan y cantan de alegría, porque con sus propios ojos ven al Señor regresando a Jerusalén". Isaías 52:7-8, NVI

VIDAS QUE EXPLICAN EL MENSAJE

Oramos por hijos de Dios que no solo conocen el Evangelio completo sino que lo viven y se convierten en el mensaje, siendo cartas abiertas leídas por todos.

2 Corintios 3:2-4, NVI

UNA IGLESIA QUE ALUMBRA Y AVANZA

Oramos por ser una iglesia que se levanta como una antorcha alumbrando con la Verdad y siendo la voz de Dios que muestra el Reino de los cielos en medio de este mundo.

Jeremías 6:16-18, NVI

ATALAYAS QUE CUMPLEN SU TAREA

Oramos para que como hijos de Dios sigamos cumpliendo la tarea de ser atalayas (guardias), dispuestos interceder (orar a favor de otro) y anunciar el mensaje que el Padre nos entregó.

Mateo 25:23, NVI

ESCRIBE TU ORACIÓN

PASIÓN POR ISRAEL

VERSÍCULO PARA MEMORIZAR

"Por amor a Sión no guardaré silencio, por amor a Jerusalén no desmayaré, hasta que su justicia resplandezca como la aurora, y como antorcha encendida su salvación".
Isaías 62:1, NVI

REVELACIÓN DEL PADRE, HIJO Y ESPÍRITU SANTO
Intercedemos a favor de la salvación del pueblo judío. Clamamos para que puedan ver a Jesús como su Mesías y así se cumpla el plan de Dios con su pueblo.

Mateo 23:29, TLA

FORTALEZA PARA LA IGLESIA EN ISRAEL
Clamamos para que el Espíritu Santo venga sobre cada judío, para que sean llenos y fortalecidos en su interior. Clamamos para que puedan entender el plan de Dios para Israel.

2 Corintios 4:16-18, TLA

ENTIENDER EL PLAN DE DIOS CON ISRAEL
Clamamos para ser hijos que viven con entendimiento del plan de Dios acerca de su pueblo, y ser dependientes del Espíritu Santo, para amar a Israel como Dios lo ama.

Romanos 10:1-4, NVI

ESCRIBE TU ORACIÓN

HERALDOS DEL REINO

VERSÍCULO PARA MEMORIZAR

"Por lo tanto, vayan y hagan discípulos en todas las naciones. Bautícenlos en el nombre del Padre, del Hijo y del Espíritu Santo, y enséñenles a obedecer los mandamientos que les he dado. De una cosa podrán estar seguros: Estaré con ustedes siempre, hasta el fin del mundo."
Mateo 28:19-20, NBV

MENSAJEROS QUE ENTIENDEN EL PLAN
Oramos por una Iglesia que, como mensajera del Reino, clama por un espíritu de sabiduría y entendimiento por el conocimiento de Dios y su plan, siendo colaboradora.

Efesios 1:17-18, NVI

CONOCER LAS ARMAS ESPIRITUALES
Oramos por una Iglesia que conoce y se entrena en las armas espirituales que el Padre le dió, porque entiende que la guerra es espiritual y que forma parte del ejército que Dios está levantando para estos tiempos.

2 Corintios 10:4, NVI

REFLEJAR EL CARÁCTER DE CRISTO
Oramos por una Iglesia que es formada según el carácter de Cristo, creciendo día a día, porque entiende que esto la mantendrá de pie en los tiempos que vienen.

Efesios 4:13, TLA

ESCRIBE TU ORACIÓN

UN HOMBRE EN EL CIELO I

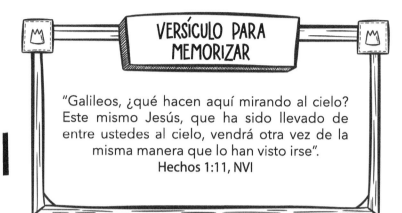

VERSÍCULO PARA MEMORIZAR

"Galileos, ¿qué hacen aquí mirando al cielo? Este mismo Jesús, que ha sido llevado de entre ustedes al cielo, vendrá otra vez de la misma manera que lo han visto irse".
Hechos 1:11, NVI

LA REVELACIÓN DE JESÚS

Oramos por una Iglesia que tiene la revelación de Jesús, aquel que se hizo hombre y caminó en obediencia al Padre, para así seguir su ejemplo como sus discípulos.

Filipenses 2:5-8, NVI

LA REVELACIÓN DE JESÚS COMO SEÑOR

Oramos por una Iglesia que conoce a Jesús como Señor, aquel que ascendió, se sentó a la diestra de Dios y a quien se le dió todo dominio, poder y autoridad, y que se entrega voluntariamente a Él.

Salmo 110:1-3a, TLA

LA REVELACIÓN DEL MESÍAS

Oramos por una Iglesia que conoce y espera al Mesías (Salvador) que vuelve a cumplir todas las profecías que se anunciaron en la Biblia, y prepara el camino para aquel día.

Hechos 3:18-21, TLA

ESCRIBE TU ORACIÓN

UN HOMBRE EN EL CIELO II

VERSÍCULO PARA MEMORIZAR

"Nadie jamás fue al cielo y regresó, pero el Hijo del Hombre[a] bajó del cielo. Y, así como Moisés levantó la serpiente de bronce en un poste en el desierto, así deberá ser levantado el Hijo del Hombre, para que todo el que crea en él tenga vida eterna."
Juan 3:13-15, NTV

IDENTIDAD DE JESÚS

Oramos por una Iglesia que tiene la revelación de la identidad de Jesús y es transformada al conocerlo en intimidad, dando prueba de Él como Cristo y Señor.

Mateo 26:64, TLA

ÁNIMO Y FORTALEZA

Oramos por una Iglesia que al mirar al Hijo del Hombre (Jesús), que está en el cielo, es motivada a creer que, así como Él venció, ella también lo hará.

Apocalipsis 5:9-10, TLA

PROPÓSITO DE LA IGLESIA

Oramos por una Iglesia que vive en obediencia a Jesús, quien decretó su identidad, dirección y autoridad, cumpliendo así su propósito y colaborando con los planes de Dios en los últimos tiempos.

Apocalipsis 14:6-7, NVI

ESCRIBE TU ORACIÓN

INTERCESIÓN POR ISRAEL

VERSÍCULO PARA MEMORIZAR

"Jerusalén, sobre tus muros he puesto centinelas que nunca callarán, ni de día ni de noche. Ustedes, los que invocan al Señor, no se den descanso; ni tampoco lo dejen descansar, hasta que establezca a Jerusalén y la convierta en la alabanza de la tierra".
Isaías 62:6-7, NVI

RESTAURACIÓN DE JERUSALÉN

Oramos para que cada profecía bíblica acerca de la restauración de Israel y Jerusalén llegue a su cumplimiento. Oramos para que sus corazones vuelvan a su diseño original, así como Él lo prometió.

Zacarías 8:3, RVR

DERRAMAMIENTO DEL ESPÍRITU SANTO

Oramos para que sea derramado el Espíritu Santo sobre todo el pueblo judío, llenando con su Presencia el corazón de las familias y niños en Israel.

Joel 2:28-32, RVR

CLAMOR MARANATA EN EL PUEBLO JUDÍO

Oramos para que se levante un clamor por el regreso de Cristo en el pueblo judío clamando ¡Bendito el que viene en el nombre del Señor!

Mateo 23:39, TLA

ESCRIBE TU ORACIÓN

_____
_____
_____
_____
_____
_____
_____
_____
_____
_____

EVANGELIO ETERNO

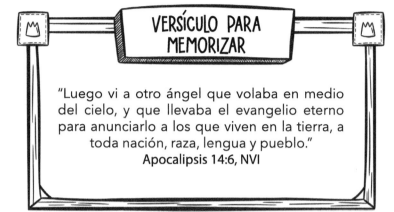

VERSÍCULO PARA MEMORIZAR

"Luego vi a otro ángel que volaba en medio del cielo, y que llevaba el evangelio eterno para anunciarlo a los que viven en la tierra, a toda nación, raza, lengua y pueblo."
Apocalipsis 14:6, NVI

TEMOR DE DIOS
Oramos por ser una Iglesia que crece en el temor a Dios y lo honra con un corazón sincero y entregado a Él, eligiendo obedecerlo y hacer su voluntad en todo tiempo.

Deuteronomio 10:12-13, NVI

LOS JUICIOS JUSTOS DE DIOS
Oramos por ser una Iglesia que espera la muestra de los juicios de Dios en medio de la tierra, porque sabe distinguir el tiempo y las señales antes de su regreso.

Marcos 13:28-29, NVI

ADORAR Y GLORIFICAR A DIOS
Oramos por ser una Iglesia que se goza y se alegra en Dios al conocer su plan eterno, y que levanta una canción nueva de alabanza y gratitud porque su obra es maravillosa.

Isaías 25:1, NVI

ESCRIBE TU ORACIÓN

PERFECCIONADOS EN LA GRAN COMISIÓN

VERSÍCULO PARA MEMORIZAR

"El Espíritu de Dios está sobre mí, porque me eligió y me envió para dar buenas noticias a los pobres, para anunciar libertad a los prisioneros, para devolverles la vista a los ciegos, para rescatar a los que son maltratados y para anunciar a todos que: "¡Éste es el tiempo que Dios eligió para darnos salvación!" **Lucas 4:18-19, TLA**

UNA IGLESIA QUE DESARROLLA COMPASIÓN

Oramos para ser una Iglesia que desarrolle compasión, amor hacia el otro. Que caminemos en medio de las necesidades de quienes nos rodean, conectándonos con ellos, y trayendo el Reino y su justicia sobre la tierra.

Lucas 4:18-19, TLA

PREPARADOS PARA PREDICAR EL EVANGELIO

Oramos para que nuestros ojos sean abiertos y tengamos entendimiento de todas las herramientas que nos ha dado Dios para predicar el Evangelio.

Juan 14:12, TLA

GRAN COMISIÓN

Clamamos para tener el entendimiento de que somos enviados cuando llevamos una vida de amor y pasión por las personas, bendiciendo y predicando en todo tiempo.

Mateo 28:19-20, TLA

ESCRIBE TU ORACIÓN

FAMILIAS QUE AMAN Y ORAN POR ISRAEL

VERSÍCULO PARA MEMORIZAR

"Por amor a la casa del Señor nuestro Dios, buscaré lo mejor para ti, oh Jerusalén".
Salmos 122:9, NTV

AMAR SU PLAN CON ISRAEL

Oramos para ser una familia que ama todo lo que Dios ama. Que decide con todo su corazón abrir las escrituras y clamar para que el Espíritu Santo nos de un mayor entendimiento por el plan de Dios con Israel.

Ezequiel 3:1-4, TLA

SER UNA FAMILIA REFUGIO PARA ISRAEL

Oramos para ser una familia que abre las puertas de su casa, para ser una respuesta a las necesidades del pueblo judío en medio de las dificultades que sucederán en los últimos tiempos.

Isaías 16:3-5, NBV

LA VOZ PROFÉTICA DE LAS FAMILIAS

Oramos para que se levanten padres que instruyan a sus hijos para que de día y de noche permanezcan y levanten su voz intercediendo por ver el cumplimiento del plan de Dios en los últimos tiempos por Israel.

Isaías 62:6-7, NVI

ESCRIBE TU ORACIÓN

LOS NIÑOS Y LOS ÚLTIMOS TIEMPOS

VERSÍCULO PARA MEMORIZAR

"¿Y cómo hablarán de Jesucristo, si Dios no los envía? Como dice la Biblia: ¡Qué hermoso es ver llegar a los que traen buenas noticias!".
Romanos 10:15, TLA

CULTURA (HÁBITOS) DE INTIMIDAD CON DIOS
Oramos para permanecer en una cultura de intimidad y dependencia de Jesús; entendiendo que donde Jesús está es el mejor lugar para crecer y desarrollarnos.

Juan 15:4-5, NVI

AVIVAMIENTO EN NUESTRO INTERIOR
Clamamos por un despertar de conocer a Jesús en profundidad en nuestro corazón, y así permanecer anclados a su amor.

Juan 15:9, NVI

RESPONDER AL LLAMADO DE IR
Oramos por una generación que responde al llamado de Dios y le dice sí. Clamamos por hijos que inviertan su vida para ver el Reino de Dios aquí en la tierra.

Mateo 6:10, NVI

ESCRIBE TU ORACIÓN

PILARES FUNDAMENTALES:

Intimidad | Biblia
Iglesia | Carácter
Gran Comisión
Cultura de Reino
Últimos tiempos

ENTRENANDO HIJOS DE DIOS
PARA MANIFESTAR EL REINO ETERNO
EN LAS NACIONES

ENTRÉNATE CON NOSOTROS
— Activa tu propósito —

Capacitación técnica, teológica y práctica en un entorno de adoración, intimidad con Dios, comunión con el Espíritu Santo y pasión por Jesús. Nuestras opciones de entrenamiento son las siguientes:

MODALIDAD PRESENCIAL ✶ **MODALIDAD ONLINE**

Entrenando niños que adoren con sus vidas y con la ayuda de sus instrumentos y capacidades, desde una identidad sana y definida por el Padre. A través de diversas dinámicas y clases, los niños son capacitados para desarrollar un corazón sensible que crece en amor por Dios y por el prójimo. El objetivo del curso es despertar a una generación de niños que crezcan en intimidad con Jesús y llenura del Espíritu Santo, ministrando con autoridad e intercediendo con poder.

EDAD: 6 - 11 AÑOS
MODALIDAD: PRESENCIAL/ONLINE

MATERIAS PRINCIPALES:
- La habitación secreta
- Conociendo al que ha de venir I y II (Apocalipsis para niños)
- Las pasiones del corazón de Dios
- Nuestro amigo el Espíritu Santo
- Instrumentos, danza y dibujo

OPCIONES DE ENTRENAMIENTO ›

CARRERA DE LIDERAZGO

Entrenando líderes llenos del Espíritu Santo y pasión por Jesús, que amen y guíen a otros a su destino de gloria.

• Modalidad presencial

CARRERA DE ADORACIÓN

Entrenando ministros que, a través de la música y la adoración, lleven a la Iglesia a experimentar la Presencia de Dios.

• Modalidad presencial

CARRERA DE MEDIOS AUDIOVISUALES

Entrenando comunicadores del corazón de Dios que manifiesten los diseños del cielo en la tierra a través del arte digital.

• Modalidad presencial

GENERACIÓN EMERGENTE

12 a 17 años
Entrenando adolescentes que manifiesten con creatividad el corazón de Dios a esta generación.

• Modalidad presencial y online

CARRERA MINISTERIAL ONLINE

Entrenamiento online que te permitirá crecer íntegramente dándote herramientas que transformarán tu interior y te capacitarán para cumplir con tu rol asignado en el Cuerpo de Cristo. ¡Todo esto desde la comodidad de tu hogar!

www.misiononline.com

 INTERNADO >

UNA AVENTURA CON DIOS QUE AFECTARÁ EL RESTO DE TU VIDA

Cuando Dios desea realizar algo grande con una vida, lo primero que hace es alejarla de su contexto y rutina.

El internado, es un espacio para que te encuentres con Dios, actives tu propósito, expandas tu visión y vuelvas a tu tierra como un hijo de Dios que manifestará su Reino eterno en las naciones.

Es un proceso apasionante, donde cada persona es restaurada, encendida, activada y enviada al cumplimiento del propósito de Dios a través de su iglesia y en las naciones.

La capacitación se desarrolla a nivel ministerial, técnico y espiritual, a través de diferentes materias y recursos enfocados en nutrir nuestros pilares fundamentales.

Para más información: www.misioninstituto.com

– PROGRAMAS –
CONGRESOS, JORNADAS Y ACTIVIDADES

INTIMIDAD CON EL AMADO

Intimidad con el Amado es un congreso de adoración apasionada que nació con el propósito de acercar a la Iglesia al corazón de Dios y conocerlo en Intimidad.

JESÚS EL PLACER SUPERIOR

Dos días de intimidad y pasión por Jesús. Para la Iglesia de los últimos tiempos, Dios está revelando la belleza y gloria de Jesús de manera única y extraordinaria.

GENERACIÓN INCONMOVIBLE

Vive una semana de entrenamiento intensivo, intimidad con Jesús y activación en el propósito de Dios para las naciones y para la Iglesia de este tiempo.

GENERACIÓN MARANATA

Una convocatoria para niños de 6 a 11 años de edad. Mediante talleres y plenarias, estamos preparando a la generación que verá a Jesús volver. No es entretenimiento, es ENTRENAMIENTO para lo que viene. ¡MARANATA!

ENTÉRATE DE OTRAS ACTIVIDADES, INGRESANDO A NUESTRO SITIO WEB:

www.misioninstituto.com

BETANIA
Cuarto de intimidad y adoración

✺

ADORACIÓN E INTERCESIÓN 24HS.

SÍGUENOS EN VIVO POR YOUTUBE:
/ MiSion CEM

MiSion Música

*

Somos una familia que anhela manifestar el Reino eterno de Dios en las naciones a través de la música profética.

MÚSICA PARA NIÑOS

¡Escúchalo en todas las plataformas digitales y en YouTube junto a sus videolyrics!

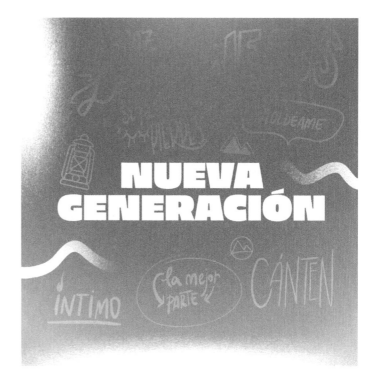

LIBRO 1 – CONOCIENDO AL QUE HA DE VENIR
Capítulos 1 al 4

LIBRO 2 – EL PLAN DE BATALLA DE JESÚS
Capítulos 5 al 18 (Próximamente)

LIBRO 3 – EL REGRESO DE CRISTO Y SU REINADO
Capítulos 19 al 22 (Próximamente)

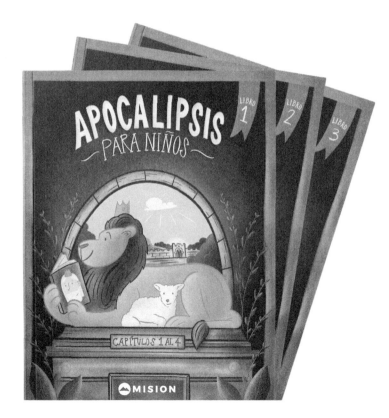

POTENCIA TU RELACIÓN CON DIOS Y VIVE SU REINO ETERNO EN LA TIERRA

 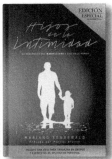 

Adquiere nuestros libros en:

www.misioninstituto.com/tienda-online

CONTACTO

misioninstituto@gmail.com
www.misioninstituto.com
Benavidez 280 | Monte Grande
Buenos Aires, Argentina
TEL: +54 9 11 3090-3522

- **f** MISION / Centro de Entrenamiento
- **◉** @mision_instituto
  @nuevageneracion.mision
- **▶** MiSion CEM

Printed in France by Amazon
Brétigny-sur-Orge, FR